발가락이 그립다

이진숙 시집

시인동네 시인선 070

이진숙 시집

발가락이 그립다

시인동네

시인의 말

어떠한 시도 영원할 수는 없다고 한다.

어느 날은 찢어진 청바지처럼 다가왔다가 어느 날은 노란 레인코트로 다가올지 모른다. 영원을 꿈꾸는 것은 어리석은 일이지만 또한 영원을 사랑하기에 모든 순간이 아름다운 것은 아닐까?

아파트 숲에 하나 둘 불빛이 사라지기 시작한다. 끝까지 남은 몇 개의 반짝임이 변함이 없다. 아침 햇살과 조우할 때까지 그냥 견딜 모양이다. 나도 견뎌볼 생각이다.

2017년 1월

이진숙

차례

제2부

제3부

제4부

제1부

문

문은 역사다
열면 보이고 닫으면 보이지 않는
저 너머를 가리키는 시간의 손짓이다
그러나 또한 역사 너머 어디쯤의 무한지대이다
때로는 어둡고 때로는 환하기도 하지만
늘 저절로 닫혀버리는 수의적(隨意的)인 움직임을 갖고 있다
그러므로 문은 열어야 문이다
두들겨 보기도 하고 외쳐 보기도 하고
열리지 않는 문에 매달려 좌절하기도 해야 하는 것이다
문으로 들어서는 순간
찾아온 것이 무엇이었는지
본 것이 무엇인지, 알게 된 것이 무엇인지
아리송해지는 것은 어쩔 수 없다
에험 하고 헛기침하며 안방을 스치면
안에서 슬며시 미소 짓는
지아비와 지어미처럼
문이 있으되 없는
역사의 문은 어느 어름에 있는 것인가

새로 열두 시 찻집 문을 닫을 즈음

맨발로 겨울 속을 뛰어나와도
붙잡아줄 이 하나 없는
상념의 시간을 다스릴 수 없는 것이
아프다는 것이다
기다리는 사람 없는 이층 찻집에서
홀로 거리를 내려다보면서
굳은 결심이라도 한 듯
자리를 박차고 일어설 수 없는 것이
아프다는 것이다
새로 열두 시 찻집 문을 닫을 즈음
사람들 속에 섞이고 싶지 않다고 생각하면서
누군가의 전화번호를 뒤적거리고 있는 나의 손가락이
아프다는 것이다
슬픈 음악이 흐르고 흘러도
그 노래 따라 부른 지 너무 오래되었다는 사실에
괴롭지도 슬프지도 않음을 이해해버린다는 것이
아프다는 것이다
새로 열두 시 찻집 문을 닫을 즈음

내일이 와도 내일은 오지 않을 거라는 생각을 하면서
서서히 자리에서 일어나야만 한다는 것
그것이 아프다는 것이다

손톱

내가 물어뜯을 수 있는 것은
손톱뿐이다

네가 미워
너에게서 탈출한다 해도
너는 꿈쩍도 하지 않을 것이다

설령 내가
너를 깊이 사랑한다 해도
허물어진 가슴으로
할 수 있는 일은 아무것도 없다

너와 나의 가슴을 후비던
짙은 후회마저도
슬슬 자리를 피해 달아나고

우리가 물어뜯을 수 있는 것은
손톱뿐이다

아픔조차 사라진 시대를 깨물 수 있는 건
아픔뿐이다

페디큐어

손톱에 매니큐어 바르는 일을
사치로 여기던 때가 있었다

성실 내지는 정숙함에 대한 반란으로 새겨진
주홍글씨라고 여기던 때가 있었다

하나의 문화적 기호라는 것이
이다지 아리송하게 그러데이션*으로 남을 때

스톤**, 댕글*** 흔들거리듯
또 하나 덜컹거리는 욕망의 무늬를
새겨 넣는다

짙푸른 맨발을 향하여
피투성이가 되어 달린다

---

* 색깔을 칠할 때 한쪽을 짙게 하고 다른 쪽으로 갈수록 점차 옅게 하는 것, 매니큐어나 페디큐어에서 그러데이션이 활용된다.

** 매니큐어나 페디큐어를 할 때 색깔을 칠한 후에 붙이는 반짝이는 장식.

*** 손톱이나 발톱 등에 사용하는 고리 장식.

햇살 알레르기

그곳만 가리고
햇살 속을 누볐던 원시인은
얼마나 아름다웠을 거냐
햇살보석을 온몸에 두르고
모든 문은 공기처럼 열려 있었을 게다
구중궁궐처럼 깊고도 깊은
우리들의 문은
햇살이 문을 열려 하면 햇살을 거부하고
풀잎이 문을 열려 하면 풀잎을 거부하고
찬바람이 문을 열려 하면 찬바람을 거부하고
먼지와 물과 바퀴벌레, 꽃잎과 새들의 깃털에 이르기까지
우리와 함께한 모든 물상을 거부해버린다
반짝이는 햇살보석 두르는 대신
빨갛게 짓물러버린 창백한 살결을
어루만질 수밖에 없을 것이다
시나브로 문이 닫히고 나면
우리는 어느 문을 향하여 달려가야 하는 것인가

틈

차마 닫지 못한 문틈 사이로

이제 막 잠이 깬
피로(疲勞)의,
나지막한 칭얼거림을 따라
천년을 기다리기라도 한 듯
볼이 부은 태양이
황망히 떠오른다

양파를 다지던 푸르른 힘줄이
햇살의 등 너머로 사라지는 것이 보인다

두려움으로 열지 못하던 문을
슬그머니 기울여본다

아무리 물속에 밀어 넣으려 해도
잠기지 않는 풍선처럼
솟구치기만 하는 내 사랑의

해후,

살그머니 다가오고 있는 것일까
조그맣게 열어둔
햇살의 틈 사이로

막장드라마

사랑이라는 이름의 쓰나미가 밀려온다
정의라는 이름의 쓰나미가 밀려온다
모든 것을 삼켜버리는 이 쓰나미의 정체는
유전자 지도처럼 복잡하게 얽혀 난해하다
정답이 무엇인가 의견이 분분하다
신데렐라의 꿈이라고도 하고
그나마 시간에 취해
시름을 잊을 수 있으니 다행이라고도 하고
어둠 속에 숨어 있던
내밀한 언어들이
부끄러움을 잊은 채 달려들어
버겁다고 말하기도 한다
그러나 더는 말하지 말라
삶은 더 막장인 것을

사랑이라는 이름의 쓰나미에는 사랑이 없다
정의라는 이름의 쓰나미에도 정의는 없다
모든 것을 삼켜버리는

거대한 탐욕의 아가리가 있을 뿐이다
분분한 예시답안에 모범은 없다
존재의 모순이라고도 하고
그나마 또 하나의 희망에 매달려
꿈꿀 수 있다고 말하기도 한다
그러나 더는 말하지 말라
자라지 않는
순수와 고독을 품고
헤매고 있는
우리들의 자화상이
서럽게 다가올 뿐이니

천변

다리 그림자에 숨어
급히 담배 연기 삼키는 어린 연인들의
푸르른 꿈틀거림
너덜해진 세포들 사이 자꾸만 새어나가는 잿빛 추억
안타까이 움켜잡는 한숨 몇 개
그저 고요히 흘러갈 뿐인데

빠른 시간과 느린 시간이 교차하고
밝은 시간과 어두운 시간이 교차하고
따뜻한 시간과 차가운 시간이 교차하고
행복과 충만의 시간이
적막과 허무의 시간에게 길을 내어줄 때

누군가와 마주치기만 하면
비틀거리는 자전거
흘러가는 강물을 굽어보며 휘청거리는
뜨거운 목숨들

다행이다

강원도에는
삼십 년도 훨씬 더 전에 시집가 살고 있는
어릴 적 친구가 있고
쑥대 우거진 앞마당에서
넘실거리는 바다를 꿈꾸는
마음 어린 친구도 있고
늙어가는 제자들과 라프마니노프를 들으며
갈대숲처럼 버석거리는
세상을 험담하는 어리숙한 선생도 있어

시집간 친구의 남편이 궁금하고 그 아들이 궁금하거나
마당에서 뱀이 나올까 전전긍긍한다는
친구의 쑥대 우거진 앞마당이 궁금하거나
어리숙한 우리들의 선생 안부가 궁금할 때……

그렇게 떠오르는 얼굴 몇 있다는 것
그렇게 만만한 사람들 품고 있는 곳 있다는 것
참 다행이다

유리창

유리창은 거울이 아니다
유리창 앞에서는
마주 서지 말아야 한다
다 알면서
다 알면서 서로를 비출 수 없다
때로는 수증기 몇 방울로
때로는 조각난 어둠으로
서로를 덮어버리면서
2월 찬바람에 덜컹이는
슬픔 한 방울 삼키고 만다

유리창은 내 마음이 아니다
네 마음도 아니다
우리가 마주설 때에
나는 내가 아니고 너도 네가 아니다
우리 서로
마주 서지는 말아야 한다
서로 다 들여다보면서

서로를 비출 수 없다
때로는 부드러운 손가락으로
때로는 거친 어깨로
서로의 체온을 탐해보지만
결국 부딪칠 수밖에 없다
부딪쳐 깨어질 수밖에 없다
우리들의 투명한 사랑은

커피 한 잔

기다렸던 건
손수건이나 찾아 눈물 닦아주는
그런 손길 같은 건 아니었다

삶의 반란 따위
송두리째 삼켜버리는
무언의 공간,
악마구리처럼 손을 내미는
그런 어둠과의 대결도 아니었다

차갑게 식어버린
커피 한 잔에
다시 너를 향한
한 조각 미움이라도 담아보려는
미련 같은 건
더더욱 아니었다

미열의 이마를 짚으며

쓸쓸히 너의 발걸음에 귀를 묻던
창백한 오후

추억을 덮어둘
따스한 적막을
기다리고 싶은 것뿐이다

물 긷기

오늘도 R씨는 세발자전거를 타고 물을 길러 온다
그의 집에는 샘이 없기 때문이다
가난 때문인지
물 마시는 일이 중요하지 않다고 생각해서인지
알 수는 없지만
사랑하는 마을에서 샘을 마련해주지 않았기 때문이다
우리는 가난하다고 생각되는 마을에서
한 곳에 마련해준
작은 샘에서 물을 길으며 아침을 시작한다
나는 마을 샘의 주인이다
내가 마을 샘의 주인이 된 이유를 나는 알 수 없지만
마을 샘의 주인이 되었기 때문에
인자한 얼굴로 물을 긷게 해줄 수 있다
얼마든지요, 언제라도요
그러나 언제든 기분 틀리면
인상을 쓸 수 있는 묵언의 권한이 내게 있다
오늘도 R씨는 자전거를 타고 물을 길러 온다
한 개의 바퀴에 빈 물병을 싣고

또 한 개의 바퀴로는 문을 밀고 한 바퀴로는 미소를 실은 채
사랑하는 마을에서의 행복과 친화력을 과시하는 것이다
나 역시 가난하지만 사랑하는 마을이
나에게 마련해준 샘물을
다시 한 번 쭈우욱 들이켜 보면서
이것이 오늘의 진실이라고
오늘의 아침이 내일에도 이어질 것이라고 믿어보는 것이다

나의 명소

포장마차에도 명소가 있나 보다
언제나 줄을 지어 기다리는 사람들이 있으며
줄을 늘어선 사람들끼리
순번을 정하며 미소를 짓기도 하는 그곳
때로는 반짝이는 검정 승용차를 옆에 세우고
적당히 편안한 가난과 소탈함의
자랑을 덧바르고 있는 사람들이 있는 그곳
케첩을 듬뿍 바른 핫도그나 몇 개 사려고
줄 끝에 몇 번 서본 적이 있는 사람이라면
줄은 언제나 길고
줄이 줄어들기를 기다려야 할 인내심은 언제나
빨리 바닥난다는 것을 알고도 남으리라
그리고 줄이 줄어들기도 전에
호떡이나 핫도그에 목숨 걸고 있다는
새삼스런 자각에 감동하면서
줄어드는 줄이 아까워 마냥 기다리기를 멈추지 않으리라
반죽 속에서 불어버린 쭈글쭈글한 손바닥과
끓어오르는 기름처럼

쭈글쭈글한 이마에 뻰질거리는 땀방울을 닦는
늙은 여인의 욕지거리를
기다려야만 하는
그곳
빈 자전거를 끌고
언덕을 내려오면서
다시 고개를 돌려
몇 개의 빗방울과 함께 목덜미를 적시며
어둠을 향하여 끓어오르는 기름 냄새를 그리워하고 마는
새로운 어둠을 기다릴 수밖에 없으리라

술병 몇 개

누군가는 떠나고
누군가는 돌아와
가슴 저미는
거친 풀밭에
몇 마리 오리가 가을을
품을 때

저만치
풀섶에 나뒹구는
외로움 몇 개

아름다운 슬픔을 꿈꾸는
붉은 입술에는
불타는 물의 그림자 어른거리고

서글픈 사랑을 꿈꾸는
푸른 눈동자에는
불타면서 젖고

젖으면서 타오르는
너와 나의 그림자 어른거리고

저만치
깨어져 쏟아지는
폭풍의 시간들

누군가는 떠나고
누군가는 돌아와
가슴 저미는
거친 풀밭에
몇 방울의 외로움이 계절을
적실 때

커피 잔을 사랑하였네

커피 잔을 사랑하였네
무심의 그늘을 드리우는
한 잔의 커피가 식어버린 후
뜨거운 키스를 퍼부었네
커피 잔의 모양과
커피 잔의 문양과
커피 잔의 크기와 두께의
투박한 어설픔에까지
커피 잔의 그 모든 것에 반해서
뜨거운 커피에
입술을 데이는 줄도
식어버린 커피가
입을 벌린 채
숨을 멈추어 가고 있음도
눈치채지 못했네
커피 잔을 사랑하였네
커피보다도 뜨거운
커피보다도 진한

커피 잔의 색깔과 향기에 취해
나의 뜨거운 피는
커피 잔 속에서 잊히고 말았네

모과나무 아래

다가갈수록
눈부신 한 사람

싸락눈 같은 햇살 몇 자락
술렁거리고

깔깔거리며
은물결로 떠오르는 잎새들
사이

다가갈수록 눈부셔
보이지 않는
한 사람

제2부

지칭개*

짓찧어져야 하는 운명이다
흐르는 피를 멈추게 하고
멍울져 흐르는 짙푸른 고뇌
섬섬히 어루만져준다

그러니 보랏빛 꽃 피울 수밖에 없다
가을 들어 하늘 푸르면
몸 하얗게 먼지처럼 가벼워져
홀씨 되어 날아갈 수밖에 없다

내 어머니의 이름

---

*상처에 찧어 바른다 하여 '짓찡개'로 불리다 지칭개로 정착되었다고 한다.

멸가치

멸나물을 닮아서 멸가치라던가
질푸른 머위 닮아 개머위라던가

산그늘 깊은 곳에선
말발굽에 밟혀서 말굽취
말굽취 말굽취 부르다 멸가치라던가

소발바닥나물이라고도 한다는데
소발바닥을 닮은 것인지
소발바닥에 밟히고 만 것인지
오늘은
내 발바닥에 밟혀서
밟혀서 어지러운가 보다

멸가치
어지러워서
말굽취 어지러워서
소발바닥나물 어지러워서

나를 잊어버리겠다

내가 멸가치같이
내가 멸가치인 듯이
멋 가 치

---

*우리나라 각처의 산이나 들에서 자라는 다년생 초본. 멸가치, 명가지, 옹취, 음취, 총취, 소발바닥나물 등의 여러 가지 이름으로 불린다.

할미질빵* 사위질빵**,

엉금엉금 언덕을 기어오르는
저 은빛의 줄기들은
할미,
자네 것이네
자네 질빵은 강하고 튼튼해야 하네
할미는 다 살았느니
죽으면 썩어질 몸
아껴 뭐 하겠나
어서 지게 끈을 추스르게나

가느다랗게 빛나는 저 초록 줄기들은
사위,
자네 것이네
자네 질빵은 가느다랗고 여린 것이라야 하네
짐일랑은 조금만 지소
여차 하면 지게 끈이 끊어져버릴 테니
바라보기도 아까운 내 사위

사위는 부끄러워
어쩔 줄 몰라
지게 끈을 어루만질 뿐

할미는 속 아픈 울음만 삼킬 뿐

---

*할미질빵: 사위질빵과 비슷한 덩굴식물의 일종으로 줄기가 사위질빵보다 질기고 튼튼하다. 심술궂은 영감이 사위에게는 사위질빵의 약한 줄기로 지게의 질빵을 만들어 주고 할머니에게는 할미질빵의 질긴 줄기로 지게 질빵을 만들어 주어 무거운 짐을 지게 했다는 이야기가 전해진다.

**사위질빵: 산과 들에 자라는 덩굴식물의 일종이다. 바쁜 가을걷이에 일 도우러 온 사위가 무거운 짐을 지지 않도록 줄기가 약한 이 식물로 지게의 질빵(멜빵)을 만들어 주었다 하여 사위질빵이라고 부르게 되었다 한다.

물레나물*

곱든고개 넘어
바람개비처럼 돌아 원삼 가는 길
고라니도 지나고 노루도 쉬어가는

곱든고개
열두 번이나 돌고 돌아
곱다시 숨어 있는
물레나물 한 송이

아무리 견뎌보아도 견딜 수 없는
삶의 물레 잣기에 지쳐
곱든고개 언덕에 숨어버린
물레나물
한 송이

---

*다섯 개의 꽃잎이 모두 한쪽 방향으로 굽어 바람개비 모양을 이루며 노란 색으로 꽃을 피운다.

파드득 나물

파릇파릇
파드득 나물

지리산 신선이 혼자 몰래 먹는다는
참나물을 닮아서

아무리 참나물이 아니라고 외쳐도
참나물이라고 불러서

가끔은 참나물이라고 생각하다가
또 가끔은 파드득 나물로 돌아왔다가

파릇파릇
파드득파드득
이름이 슬퍼서

오늘도 퍼렇게 멍든
파드득 나물

와우(蝸牛)

달팽이 한 마리
싱크대를 지나
어딘가를 향해 돌진하고 있다

아마도 어제
쇠비름 가득한 풀밭에서
잡초처럼 숨어 있던
푸성귀 뜯어
찬거리로 삶을 때
피난 나온 듯하다

배춧잎이라도 들이밀어
이사라도 시켜볼까

좀체
방향 바꾸려 하지 않는
고집스러운 그의 길이
어디를 향하는지

알기나 하는 것일까

손가락에 와 닿는
온기가 슬퍼
창문 너머로 시선을 돌린다

와우,
팽그르르 도는
지구의 흐느낌이 어지럽다

그는 흙으로 돌아갈 수 있을까

흙을 털다

가지 두엇 고추 서넛에
호박 덩굴 몇 개
삶의 의미인 양
덤벼보는데

잡초에 휘둘리는 것은 그만두고
이름도 모를 곤충들에
모기까지 달래느라 정신없다가

땀방울 맞추어 튀어 오르는
흙먼지
털어대는 흰 손이
문득 낯설다

내가 흙을 터는 것인지
흙이 나를 터는 것인지
내가 흙이 되고
흙이 내가 되는 것인지

시름 가득 머금은
어린 풀들이
손을 내밀 때마다

먼 산 바라보며
흙이 흙을 턴다

손님

담장 너머로
미소 흩뿌리던 찔레덩굴이었다가
마루 끝에 드리운
누군가의 비단 옷고름이었다가

이슬비에 젖어 숨 멈춘
토방 위 댓돌
쨍쨍한 햇살에 속 다 내어주고
수심을 말리던 하얀 신발이었다가

두런두런 쏟아져 나오는
장지문 너머
아득한 오후를

서늘한 바람 한 자락으로
몰고 가버린

그

내

풋콩 내
옥수수수염 내
햇살 속에 노곤해질 무렵
아궁이를 달구는 짚덤불 냇내
아득히 피리 소리로 흐르는구나
어린 어머니가
아득한 고요를
부지깽이로 내려치고 있구나

겨울 차꽃

잎인 듯 꽃인 듯 숨어
원망이 없구나

화사한 봄빛
푸르른 녹음
상처로 보듬어 안고

모두들 잠에 취한 이 계절에
숨어 하늘 보는 건

눈을 기다리는 것인지
열매를 기다리는 것인지

아무도 기억하지 않는
삭아가는 사랑의 아픔을
안으로 안으로 다독이고 있는 것인지

볼이 시린 겨울 차꽃

살포시 눈감고

창백한 겨울을 어루만지고만 있구나

하루아침에

호박꽃이 노랗다고
두런거리다가

고추알이 붉어진다고
덤벙거리다가

가을이 갔다

흙이 얼었다

달수

달수란 녀석을 아십니까
어느 날 텔레비전 앞에서 뭉개다가
그 녀석을 보고
자리에서 벌떡 일어섰죠

갸름하면서도 통통하고
피가 잘 도는 얼굴빛에
정다운 눈빛을 계산 없이 보내주는
녀석은
알고 보니 오랜 내 친구였습니다

어깨를 겯고
하늘을 바라며
비바람을 견디어낸
그 푸른 잎들은
눈여겨 들여다보면
오색의 영롱한 무늬를
아로새기고 있었습니다

달수란 녀석을 아십니까
나에게는
너무도 먼 저 욕지도
한 번쯤 가보고 싶어
공연히 가슴 설레던
그곳에서 당당하게 아들딸 낳고
푸른 꿈을 꾸던
상처투성이의 붉은 손을 가진
우리의 아지매가 이름 지은

달수란 녀석을 말입니다
해풍에 말라가는
덕장의 황태처럼
꾸들꾸들하게 잘 마른
아지매의
손길에서

환골탈태

맛으로 꿈으로
날마다 새롭게 태어나는
고구마의 변신을

오, 이렇게 달 수가

호기 있게 외친
아지매의 이름 짓기
오랜만에 정말 통쾌합니다
하 하 하

감자 캐기

처음
감자를 심고
흰 감자꽃 무더기무더기
필 때만 해도
황홀한 마음으로
굵은 감자알을 기다렸다
꽃순이 줄지어
하늘 향해 연서를 쓰고
하늘은 눈 돌린 채 더욱 푸르러져
지친 잎새들이
붉은 흙에 몸을 뉠 즈음
수확의 기쁨을 꿈꾸면서
감자 줄기를 잡아당겼다
아아, 그러나
아담하고도 튼실한
감자알은 보이지 않았다
가녀린 뿌리만이
흙을 털어 내리고 있을 뿐

허망한 손가락이
실신한 듯
깊이깊이 흙을 파헤칠 쯤에야
흙은 감추어둔
감자의 흰 몸을 보여주었다
이제
몸을 보이지 않는
허무를 두려워할 필요는 없을 듯하다
흙이 감추어둔 감자알을 내어주듯
손가락 부비며
저 깊은 심연의
굵은 감자알을 내어주는 날이 있을 게다

개양귀비

한 조각 아편이라도 들어 있을까
오해하지 마세요
경안천 새벽길에
핏빛 가슴 여는
개양귀비

자전거 바퀴살 바람 가르는
시간만
머얼리 지켜보다가

저승꽃 드문드문
느릿한 산책길
끌끌 차다가……

한 조각
미련이라도 남아 있을까
오해하지 마세요
경안천 강변 따라

시름 시름
흔들리다가

서둘러 떨어지는 빗방울에
몸 떨다
추억으로만 남은
개양귀비……

톡톡톡 꽃잎에게

톡톡
봉숭아 꽃 씨알 여무는 소리
톡톡톡
봉숭아 꽃 씨방 두드리는 소리

해 뜰 녘
하늘가를 맴도는 아지랑이 빛 서기(瑞氣)를 몰고 와서는

톡톡톡톡
시간의 안부를 묻는 게지

그래, 그래,

아침을 여는
내 정념의 땀방울을 닦아주고서는
고요히 천지를 뒤흔드는

톡톡톡

봉숭아 꽃 씨알 터지는 소리

톡톡톡톡
꽃잎의 마음 품어
꽃잎의 마음을 품어
사랑의 몸짓 누리 가득 전하러 오는 게지

쥐꼬리망초

쥐꼬리망초에 바람 스친다
망할 놈의 망초라는 이름은 왜 붙었나
갓난아기 새끼손톱보다 작은 몸 흔들며
보랏빛 시름 날리고 있다
하늘보다 멀리 날고 싶다 구시렁대면서

쥐꼬리망초에 나비 앉았다
열 배나 백 배나 커다란 부전나비
쥐꼬리만큼만 쉬었다 간다
망초도 서러운데 쥐꼬리망초
하늘 보며 하늘처럼 아득해지고 있다

물속같이 깊은 사랑
할 수 있다 중얼대면서

---

* 쥐의 꼬리를 닮았다 하여 '쥐꼬리망초'라는 이름이 붙었다는 말이 있다. 자세히 들여다보아야 꽃이 보일 정도로 작고 앙증맞은 보라색 꽃을 피운다.

제3부

고추잠자리

하늘가 맴돌며
오래된 청동거울 같은
이야기 하나 빚고 있구나

바람 개인 오후
돌부리에 넘어져 바라보던
웅덩이 속 작은 하늘

그 하늘에 떠 있던
낮달같이
생채기 난 꽃잎의 무릎을
어루만지고 있구나

북소리

무엇이 어디쯤 걸려 있는 것일까
흘러가지 못하고
울먹이는
눈빛 푸른 소리들이 뭉쳐
가슴 언저리에서
끙끙 앓는 소리를 내나 보다

삼켜버린 원망들이
눈빛으로 보낸 이별의 그림자들이
앙금으로 가라앉아
켜켜이 쌓여 있나 보다

둥둥둥
기다란 손가락에 힘을 준다
갇혀버린 내 목소리
숨어버린 내 목소리
그에게 가닿도록
하늘가에 울려 퍼지도록

피맺힌 울음 울고 있나 보다
둥둥둥 둥둥

편지

또 찢어 버린다

달음질치는
한 무더기 추억의 시간 생채기 내어
피로 쓴 편지

이제 은밀했던 너의 유혹에 속지 않을 테다
네가 나에게 준 영원의 숙제는 내동댕이쳐 버릴 게다

쓰고 또 써봐도
그치지 않는 소식의 샘물 길어 올려도
한없이 달아나기만 하는 너

네가 가리키는 길에
너 이미 머물지 않음을
머물지 않는 너를 하염없이 좇을 수밖에 없음을

너에게 다시 전할 수는 없구나

그 편지
찢을 수밖에 없구나

장마 그 후

비가 오면 강물만 붇는 것이 아니다

노아의 방주처럼
고층아파트의 불빛만 어른거리던
그날이 가고
거센 강물의 숨결에 길 잃은 물고기들이
흙탕물을 뒤집으며 모여들고 있을 것이다

그림자가 긴 낚싯대를 드리운
사람들,
다리 위를 서성거리고 있을 것이다

강물을 향하여 던지는
탐욕스런 시선과
그들의 긴 낚싯대가 꿈꾸는
한 냄비의 매운탕과
또는 한 개의 물고기 튀김

그리고
흙탕물 속을 유영하며 몰려드는
목숨들의 질긴 슬픔,

함께 뒤엉켜
붉덩물 속에 길을 잃고 있을 것이다

눈 내리는 저녁 창가에

천지에
눈보라 가득하여
오가는 이 없이

곳곳에서 문 닫아 거는
마음 가난한 이들

아득히 저문 밤
소식은
눈송이처럼 분분히 날고

나설 때마다 두렵고
돌아올 땐 또 인연 무거워
고단했던 내 어깨의 서글픔
자근자근
가슴을 눌러올 때에

사무치던 설움

저물녘의 설움만큼만
등불로 밝히고
커튼을 여미는

눈 내리는 저녁 창문이 붉다

중얼거리다

마음이 울적할 때는
나는 나에게 말하고 싶지 않은 거다
필경 나에게서 숨어버리고 싶어지는 거다

그러니
나를 똘똘 뭉쳐서
반쪽만 거울에 비춰보는 거다

반짝이는 신도시
차디찬 얼굴 너머
취한 골목이 어둠 속에 삼켜지듯

도시계획처럼
보톡스(보툴리눔 독소 치료법)처럼
쏴악 지워버리는 거다

그리고
중얼거리는 것이다

그냥

나에게

감기

불이야, 불이야,
기별 전하러 왔네
꽃잎을 구르는 이슬처럼 수줍기만 하던 그가
나뭇잎을 스치는 바람처럼 간 곳 모르던 그가
불이 되어 나타났다고
온 들을 다 태우고 있다고
오늘은 기어이 기별
전하러 왔네
그리움이 죄가 되어 깊어진 슬픔,
빗방울로 후둑이다가
이제는 미친 불길 따라
졸아드는 냄비같이
폭풍우 속을 끓어넘치네
꺼지지 않는 불이 되어
꺼억꺼억 목이 쉰 채 돌아와
온 바다에 끓어 넘치네
말로는 못하겠다고
말로는 못하겠다고

사랑의 불, 불을 품고
큰 기별 전하러 왔다고

척추관협착증

지하철 바닥에 껌처럼 붙어 앉아
빈자리를 곁눈질하는 사이
체면 따위는
검은 안경의 노인이 가리키는
지팡이 내비게이션 너머로 날아갔다
자리를 양보하려는 몇몇의 연민에
부끄러움으로 이를 물어도
동전 몇 개 적선한 것으로 위로받을 수는 없다

마음이 다니는 길이란 것이
늘 그런 것이어서
아픔인 듯 그리움인 듯
통로를 막기 시작하면
부끄러움이 다닐 길도 아름다움이 다닐 길도
모두 한 가지
통증으로 정리해버린다
갓난아기가 모든 물상을 입으로 가져가 감별하듯
아픔으로 모든 것을 분별해야 하는

통증의 시대

우리들의 관이 자꾸 막히고 있다

벌레 연가(戀歌)

떡갈나무 숲속 떡갈나무처럼
그냥 거기 있고 싶었네
눈물의 샘에 얼비치는
속삭임의 소리 소리를 따라
길 잃고 싶었네
감나무골 감나무 감나무같이
가을 햇살 우러르는
빠알간 숯불 하나 피우고 싶었네
거기 그대로 꿇어앉아
기도하고 싶었네
그냥 그대로
그의 몸이 되고 싶었네

가을 연서

새벽 속으로
별들이 떨어진다
억만년 전의 퇴적암처럼
지난밤의 어둠이
스러져가는 별들 위에 몸을 부빈다
계절의 토담 위에 가슴을 묻고
잎을 떨군 나무들이 시간을 불살라
매운 연기 피워 올리는
수줍은 마을의 반란을 지켜본다
아침 햇살 속의 그대는
깨달음처럼 더디고 슬프게 다가오는가
눈 시리게 밝혀 가슴으로 적은
지난밤의 연서는
바람 속으로 날려 보낸다
하얗게 비워버린 편지지 한 장
단풍잎 하나로
지그시 눌러놓는다

너의 바람이 부는 길목으로

저만치
쓸쓸히 비켜서 있는 느티나무 아래
물기에 젖어 반짝이는 아스팔트,
스치는 불빛 아련함같이
너는 저 너머에서 홀로
반짝이고 있구나

시간은
깊어가는 아픔을
보듬어 차가운 바람으로 불고
영원의 가지에 매달린 듯
굳건한 미소로
흔들거리는

너도
어디론가 불려갈
한낱 나뭇잎일까

나는 너의 바람이 부는 길목을 지키고 서서
스쳐가는 나뭇잎 소리에
귀 기울인다

김장

이제 알겠다
아픈 다리 절룩이며
배추를 절이고 마늘을 다지던
벌겋게 부풀어 오른 어머니의 손가락
손가락 마디 사이로
하얗게 부서져 내리는 허무

비칠비칠
새어 나가는 반죽의 어설픈 반항처럼
세월을 붙잡는 안간힘으로
배추를 치대며

이번이 마지막이다
이번이 마지막이다
쓸쓸히 되뇌었을 것이다
부신 햇살 속 지그시 눈빛 찡그리며
붉게 숙성된
오후의 적막 속으로 다가갔을 것이다

이제 알겠다
관절 마디마디 욱신거리는
동통의 기쁨
한 무더기 한 무더기
추억의 보자기를 여미며
나지막이 떨고 있는 허기진 숨소리
고즈넉함을

아프다

우리 엄마가 많이 아프다
지난주에는 MRI를 찍었고
며칠 전에는 CT를 찍었다

오늘은 온몸이 아렴풋해 한의원에 갔는데
어디가 아픈지 짚어내기 어렵다고 한다

오줌을 찔끔거리며 똥이 헤퍼지고
배가 오글오글 끓으며
가슴이 뛰고

무엇보다도
많은 이들의 얼굴이
눈앞에 아른거린다고 한다

너무도 흐릿하여
선명하지 않은 얼굴들을
들여다보느라

지친 숨결이
버겁다고 한다

우리 엄마가 많이 아프다
우리 엄마 맘속에 숨어 있는 얼굴들이 아프다
내가 많이 아프다

나는 눈물이 그립다

메말라 가는 오후의 안구에
눈물을 넣는다

단비가 흙을 적시듯
촉촉한 눈빛은 잠시

또다시
나는 눈물이 그립다

눈물이 나를 놓아주지 않던
서러운 날들을 원망했지만
애증이 나를 놓아주지 않던
안타까운 날들을
뿌리치려 울부짖었지만

이제는 눈물마저 그리워
인공 눈물을 넣는

오후의 흙밭에

푸른 먼지가 인다

발가락이 그립다

몇십 년이나 묵은 추위가
오늘도 발끝에 스물거린다
병든 실업자 아버지가
아랫목을 다 큰 딸에게 양보하고
윗목에서 발가락을 꼼지락거릴 때
딸은 그저 춥다는 생각뿐
어쩌다 차가운 발가락이 발에 스칠 때
그 차가움에
짜증 섞인 미소만 우물거렸을 뿐
그날이 차고 슬프다
그 차가운 발가락
오늘 내 발끝에 머무는데
그날이 오늘에야 아프다

제4부

몽유(夢遊)

뜰
깍
뜰
깍

수학여행 떠난 뒤
빈 교실

학생 한 명
선생 한 명

오후의 적막 위에
내려 쌓이는
시간의 신음 소리

흩어지는 것들, 섞이는 것들
—12월 격포 가는 길

12월의 남은 몇 날을 위해
눈발은 수줍게 흩어지고
낭만을 위하여 외쳐대는
최백호의 목소리도 흩어지고
모두가 몸부림치는 터미널
화장실 다녀오시라는 기사의 외침이
저 먼 계절 속으로 위리안치(圍籬安置)를 명하듯
낭만을 위하여가 끝나면
이 버스는 출발할까
어둠이 섞이는지
눈물이 섞이는지
흩어지기만 하던 것들이
이제 다시 어둠 속으로 모여드는 것은
3단 연탄난로의 온기가
사람들과 더불어 섞이는 때문은 아닐 것이다
12월의 남은 몇 날을 위해
이 저녁의 마지막 만남을 기다리는 이를 위해
길은 멀다

어서 바삐 화장실 다녀오시라
호떡 몇 개 주머니에 넣어두시라
흩어지는 것들을 위하여
흩어진 뒤에야
속절없이 섞이는 것들을 위하여

늘 자유로웠으므로

이 겨울의
자지러진 신음 소리에
노숙인 두 사람
자전거도로 옆 다리 밑에
웅크리고 누웠다
때로는 널브러진 상자 조각들을
뒤집어쓰고
때로는 라면도 끓이지만
얼굴을 본 적이 없다
자전거 페달을 밟으며
지나칠 때에
그들의 속삭이는 소리에
의문을 품지도 않는다
캠핑 나온 아이들 같은 목소리로
그들이 나에게 시간을 물었으나
아무런 대답도 하지 않았다
나는 그들의 시간을 알 까닭이 없었고
늘 자유로웠으므로

봄이 오고
그들은 사라졌다

광대노린재의 합방에 즈음하여

갑자기 귀빈을 위한 검색대라도 차려진 것인가
쉿, 쉬이잇, 함구령이 내려지고
사람들의 발걸음이 느려지고 목소리와 움직임이 소거된다
어떤 이는 광채로 어떤 이는 기호로 입력하는 골짜기의 소리 없는 일렁임
푸른빛 붉은빛의 얼룩무늬로 다가오는 신비한 어둠의 차일,
광대노린재 두 마리 합방을 신전에 모시는 카메라들의 눈
사람들의 들뜬 숨결

소녀, 시간에 젖다

까맣게 빛나는
툇마루 끝

울리는
낙숫물 소리

소리의 그늘 위에
발가락 음정으로
빗방울 따라가 보네

적막으로 춤을 추는
채송화 꽃잎 사이
스며드는
서늘한 깨우침

순결한
한낮의 문을 두드리던
그때

돌기, 혹은 길 바꾸기

해 저물어 길이 아득하게 느껴질 때
돌아가야 한다는
조급한 핸들의 저항

자전거와 나는 서로 다른 길을 찾는다
무릎에 피가 흐르고
손가락이 구부러지고
자빠진 채
얼결의 휴식에 몸을 맡긴다

키 작은 풀꽃들
깔깔거리며 웃고

언제 돌아가야 할지
어떻게 길을 바꾸어야 할지

힘겨운 바퀴살의 신음 소리에
끄억끄억 자전거 좋은 목이 쉬는데

달리고 또 달려도
동그라미로 다가오는 아득한 길

복 있게 생기셨습니다

한두 번이 아니다
용인 사거리 너머 ○○시네마 앞쯤
복 있게 생기셨습니다
복이 많이 붙었다니까요
지나치는 사람을
황급하게 붙잡는 두 손이 있다
며칠 전 다급하게 초인종을 눌러대던
한참 늙은 그 여인과 마냥 닮았다
집터가 참으로 좋군요
조금만 더 복을 지으신다면……
관상이 참으로 귀하신데……
코앞에 불쑥 내밀던 손톱 밑 때 까만 그 손
내가 오늘 그 두 손을 뿌리친 것은
그들의 때 전 손길이 거추장스러워서였을까
그들을 의심해야 하는 내 마음
내 마음이 정녕 서럽기 때문이었을까
오늘도
용인 사거리 너머 ○○시네마 앞쯤

두리번거리는 내 마음 앞에
손톱 밑 까만 두 개의 손 어른거린다

계단

이곳에 물건을 적치하면
소방법 위반으로 벌금이라고
엄포를 놓지만

자전거 따위야
집 안에 있어도 집 밖에 있어도 그만인 것

계단 난간에
위태롭게 발을 걸친 채
사선의 비행을 꿈꾸는 것은
운명의 고리 풀고 바퀴 굴릴
그날을 기다리고 있음인가

그대를 향해 비워둔 내 가슴
마음 안에 두어도 마음 밖에 두어도
그만인 것처럼

헛바퀴 굴리며 굴리며

안개처럼 다가오는 허무의 알갱이들을
흘려보내고 있을 뿐인가

묻지 않았다

칸트를 만나러
새벽을 더듬어 바퀴를 굴린다
아니 정확하게는
물풀이 넘실거리는 금학천
돌다리 무렵
무리를 지어 오는 칸트를 만나게 되는 것이다

칸트는
어미 오리와
궁싯궁싯 뒤를 따르는 새끼 오리들에게
시간을 철저하게 지키는 대가로
내가 붙여준 이름이다

뒤뚱거리며 그들이 가는 곳이
어디인지 알 수는 없지만
한 바퀴쯤의 오차도 없이
돌다리 어름에 나타났다가
자전거도로를 가로질러 어디론가 사라지는

그들 또한
나의 바퀴가 멈추는 곳이 어디인지
묻지 않았다

두부장수와 저녁노을

딸르랑딸르랑 딸르랑딸르랑

장의(葬儀) 행렬이라도 선도하듯
밀려 있는 자동차 앞으로
다가서는 두부장수
모락모락 흰 연기라도 일 듯
애매한 미소를 띠고
어디쯤에서 떠돌던
낯선 바람 소리를 싣고 다가오는 것인가
핏빛 저녁노을을 배웅하는
밤의 빗장 소리 삐걱대는데
팔리지 않는 두부를 싣고
무엇을 떠나보내려 하는 것인가
두부장수 하얀 종소리

잘 참았다

욕설과 분노와
솟구치는 욕망의 고름덩어리로
엉겨 붙은 교실
차라리 한 대 쥐어 패는 것이 나을 것 같은
아픈 마음
참 잘 참았다

오늘도

개양귀비 그 후

며칠이나 강변에 나가지 못했다
사람들은 강둑 작은 바위 위에 앉아
뼈마디를 우둑우둑 꺾고 있을지 모른다

새벽 다섯 시의 파룬따파*가 흘리는
노란 음영의 여인이 눈을 감은 채
무디어지는 안개를 좇고 있을지 모른다

개양귀비 지고 난 후
모두들

기다리고만 있을 것이다
말라버린 강바닥에
몸을 드러낸 돌멩이들처럼
웅크리고 앉아서

한숨이라도 말리는 듯
반혼 같은 갈대가 고개를 흔들 때까지

시들어버린 추억을

하염없이 어루만지고 있을 것이다

---

*法輪大法(파룬따파)은 우주의 최고 특성인 진·선·인(眞·善·忍)을 근본원리로 하여 몸과 마음을 함께 수련하는 심신수련법으로 파룬궁이라고도 함.

잠

최선을 다해 잠을 즐기라는
의사 선생님 말씀

철들어 가며
잠을 두려워하게 되는 것은
생각이 낡아
잠이 새고 마는 때문이라고
낡은 생각의 주머니를
무엇으로든 기워야 한다고

그리하여
아침을 뛰어
뻐근해진 한낮을 허덕이다가
내친김에
저녁까지 뛰고 또 뛰어보지만
생각의 주머니는
더 낡아만 가고
주머니 속 생각은 더 깊어만 지고

밤의 적막을 깁고 있는
잠의 손이
파르르 떨고 있을 뿐

나는 진정 몰랐다

언제부터인가
냉동실에 넣어둔 얼음덩어리들을 꺼내어
들여다보는 버릇이 생겼다
따뜻한 손가락 사이로
쉼 없이 녹아내려 물이 되어 흐르는
그것들은
다시금 냉장고에 밀어 넣는 수밖에 없다

해 저문 저녁 누군가의 창가를 맴돌다
돌아와서는
녹았다가는 다시 얼어붙고
얼었다가는 다시 녹아
어두운 냉동실과
따뜻한 손가락 사이를 오가며
허무의 공간을 뒤척이고 있는
존재의 술렁거림

나는 진정 몰랐다

와그르르 쏟아지던 시간들을 따라
함께 허물어지던 생각의 그림자들,
모든 것 벗어던진 채
푸르른 해동을 꿈꾸는 얼음덩이들의
뜨거운 숨결을
나는 진정 몰랐다

비밀번호

생각 없이 문 두드리다
소스라쳐 놀란다
내가 나에게 비밀이 있었다니
그리고 그 비밀을 내가 모른다니

어디 한두 번이었던가
문 밖에서 서성이다
나를 잃어버리는 일이

늘 그랬던 것처럼
오늘도 쓸쓸히 발걸음을 돌리며
중얼거린다

나의 숲이 너무 고요할 뿐이라고

해설

영원의 찰나, 찰나의 영원

윤의섭(시인·대전대 교수)

시간은 과거, 현재, 미래로 이루어진다. 그리고 시간은 미래로부터 과거로 흘러간다고 흔히 생각한다. 그 방향성은 불가역적인 것이고, 이를 두고 선형적 시간관이라고 한다. 그런데 우리는 과거, 현재, 미래 중 어느 부분을 더 많이 생각하고, 또 우리 현실에 있어서 어느 시간대가 더 중요하다고 생각하는가. 제각각의 경험치에 따라 다르겠지만, 사실 우리는 현재를 더 많이 생각한다. 과거는 가끔 기억으로만 떠오르고 기록을 뒤적일 때, 그리고 인과적 사안이 발생했을 때 거들떠보게 되는 시간대이며 미래는 예측으로, 계획으로 역시 가끔 생각해보는 시간대이다. 그런데 현재는 늘 우리 눈앞에 존재하고 가장 치열하게 견뎌내고 있는, 몸으로 느끼는 시간대이다. 따지고 보면 순수한 현재라는 것은 거의 존재 불가능하다. 지금, 이라고 말하는 순간 이미 현재는 과거가 되어버리기 때문이다. 그래서 에드문트 후설 같은 현상학자는 현재에서 과거로 시간이 흘러가는 사이에 현재의 잔영이, 예를 들면 혜성의 꼬리처럼 남게 되고, 또 미래에 대한 기대가 현재 시점에서 이루어지면서 미래가 현재로 유입되는데, 이때 현재에 어떤 틈처럼 벌어지는 의식 속에서의 확장이 발생한다고 하였다. 이를 '지평'이라고 한다. 현재 지평은 이렇게 현재의 시간대가 넓혀져, 시간의 흐름에 저해 받지 않고 존재하는, 의식의 순간적인 지속 상태를 의미한다. 어떻게 보면 '지평'은 영원한 시간이 현재라는 순간에 '찰나'로 집결하였다가 다시 끊임없이 지속되는 '영원'의 상태로 유지되는 것을 일컫는 게 아닐까 생각해본다.

이진숙 시인의 시집 『발가락이 그립다』에서 '영원으로의 지향성'을 포착하기란 쉽지 않을 수 있다. 왜냐하면 시간의식이 직접적으로 제시되어 있지 않기 때문이다. 더구나 시집의 시편들은 현재의 시간에 집중되어 있다. 하지만 시인은 현재를 영원의 지평으로 유지시키고자 하는 의지를 보이고 있다. 시인이 보여주는 세계관은 요란스럽지도 않고, 거창하지도 않다. 시인의 세계관은 '아프지만' 살아있는 현재가 아름답다는 전언을 들려준다. 현재는 찰나지만 영원한 찰나로서의 현재라는 점을 통각으로 느끼게 한다. 그 현재를 시인은 "문"으로 상징하여 보여준다.

문은 역사다
열면 보이고 닫으면 보이지 않는
저 너머를 가리키는 시간의 손짓이다
그러나 또한 역사 너머 어디쯤의 무한지대이다
때로는 어둡고 때로는 환하기도 하지만
늘 저절로 닫혀버리는 수의적(隨意的)인 움직임을 갖고 있다
그러므로 문은 열어야 문이다
두들겨 보기도 하고 외쳐 보기도 하고
열리지 않는 문에 매달려 좌절하기도 해야 하는 것이다
문으로 들어서는 순간
찾아온 것이 무엇이었는지
본 것이 무엇인지, 알게 된 것이 무엇인지
아리송해지는 것은 어쩔 수 없다
에험 하고 헛기침하며 안방을 스치면
안에서 슬며시 미소 짓는
지아비와 지어미처럼
문이 있으되 없는
역사의 문은 어느 어름에 있는 것인가

—「문」 전문

시에서 "역사의 문"이란 "저 너머를 가리키는 시간의 손짓"이며, "문이 있으되 없는" 것으로 설명되어 있다. 역사라고 하면 흔히 과거를 떠올리지만, 현재 역시 역사의 일부이다. 시에서는 "또한 역사 너머 어디쯤의 무한지대"라고 말한다. 이렇게 볼 때 문이 있으며 없는 역사 너머의 무한지대는 현재 시간대에서 확장되어 영원으로 펼쳐진 '지평의 시간'을 의미한다. 그 '문의 시간 속'에서는 "헛기침하며 안방을 스치면/안에서 슬며시 미소 짓는/지아비와 지어미"가 산다. 그것이 분명하게 무엇인지 "아리송"하지만 그 문의 시간 속에는 미소 짓는 반가운 얼굴, 시인의 모습일 수도 있고 누구나의 모습일 수 있는 사람들이 사는 공간이 있다. 이렇게 시인은 문을 열고 현재를 고여놓았다.

그렇다면 시인에게 현재의 현실은 어떠한 상황인가. 시인은 현재를 어떻게 살아가고 있는 존재인가. 몇 편의 시를 통해 시인은 현재 속에 거주하는 자신의 현실을 있는 그대로 보여주고, 또 그것을 담담히 풀어내고 있다.

> 지하철 바닥에 껌처럼 붙어 앉아
> 빈자리를 곁눈질하는 사이
> 체면 따위는
> 검은 안경의 노인이 가리키는
> 지팡이 내비게이션 너머로 날아갔다

자리를 양보하려는 몇몇의 연민에
부끄러움으로 이를 물어도
동전 몇 개 적선한 것으로 위로받을 수는 없다

마음이 다니는 길이란 것이
늘 그런 것이어서
아픔인 듯 그리움인 듯
통로를 막기 시작하면
부끄러움이 다닐 길도 아름다움이 다닐 길도
모두 한 가지
통증으로 정리해버린다
갓난아기가 모든 물상을 입으로 가져가 감별하듯
아픔으로 모든 것을 분별해야 하는
통증의 시대
우리들의 관이 자꾸 막히고 있다

—「척추관협착증」 전문

시인은 지금 "척추관협착증"으로 아프다. 그래서 지하철 통로를 막고 앉아 있다. 양보하는 자리를 부끄러워 마다하고 싶지만, "통증"으로 "관"이 막히는 현실을 깨닫게 된다. 시인은 "아픔으로 모든 것을 분별해야 하는/통증의 시대"를 살고 있다. 이 문장이 얼마나 절절하고 아름다운지, 시인은 그런 생생한 현재의 시를 쓰고 있다. 아픈 시인은 "깊어가는 아픔을/보듬어 차가운 바람으로” 불고 있는 “시간”(「너의 바람이 부는 길목으로」) 속에 서 있고, 엄마가 많이 아프고 “내가 많이 아프다”(「아프다」)고 느끼며 “떡갈나무 숲속 떡갈나무처럼/그냥 거기 있고 싶”(「벌레 연가(戀歌)」)어 한다. 그러나 시인은 현재의 현실에 낙담하고 있는 것처럼 보이진 않는다. 시인은 “눈물마저 그리워/인공 눈물을 넣는” 현실을 이야기하면서도 역설적으로 ‘눈물을 그리워한다.’ 시인은 이 현재를 잊어버려야 할 것이나, 부정적인 것으로 표현하지 않는다. 그것은 시인이 껴안고 가야 하는 현실이다. 자신의 현실을 직시하고 받아들이려는 태도에는 분명 낙관주의가 깔려 있다. 여기서 우리는 또다시 ‘문’을 떠올린다.

차마 닫지 못한 문틈 사이로

이제 막 잠이 깬
피로(疲勞)의,
나지막한 칭얼거림을 따라
천년을 기다리기라도 한 듯
볼이 부은 태양이
황망히 떠오른다

양파를 다지던 푸르른 힘줄이

햇살의 등 너머로 사라지는 것이 보인다

두려움으로 열지 못하던 문을
슬그머니 기울여본다

아무리 물속에 밀어 넣으려 해도
잠기지 않는 풍선처럼
솟구치기만 하는 내 사랑의
해후,

살그머니 다가오고 있는 것일까
조그맣게 열어둔
햇살의 틈 사이로

—「틈」 전문

"문틈"으로 "태양이/황망히 떠오른다". "두려움으로 열지 못하던 문"이었다. 그런데 시인은 "슬그머니" 문을 열고 "사랑"과도 같이 "햇살"이 "문틈"으로 들어오는 풍경을 펼쳐놓고 있다. 현재라는 시간의 "틈"이 벌어지는 순간이다. 이 "틈"으로 시인은 아름다운 현실의 시간을 몰아넣는다. 이제 시간은 공간화되어 즐거움을 주는 현재가 된다. 찰나의 순간이 영원으로 펼쳐지는 순간이다.

시인이 웃음과 농(弄)의 풍경으로 우리를 이끄는 것은, 아픈 현재를 거부하지 않고, 대신 그 상태 그대로 영원히 지속되어도 좋으리라는 낙관적 의식을 갖고 있기 때문이다. 그런 견자(見者)의 눈에는 모든 삶의 부침과 즐거움과 슬픔과 아픔이 하나로 어우러져 해학적으로 보이는 것이다.

엉금엉금 언덕을 기어오르는
저 은빛의 줄기들은
할미,
자네 것이네
자네 질빵은 강하고 튼튼해야 하네
할미는 다 살았느니
죽으면 썩어질 몸
아껴 뭐 하겠나
어서 지게 끈을 추스르게나

가느다랗게 빛나는 저 초록 줄기들은
사위,
자네 것이네
자네 질빵은 가느다랗고 여린 것이라야 하네
짐일랑은 조금만 지소
여차 하면 지게 끈이 끊어져버릴 테니
바라보기도 아까운 내 사위

사위는 부끄러워
어쩔 줄 몰라
지게 끈을 어루만질 뿐

할미는 속 아픈 울음만 삼킬 뿐

—「할미질빵 사위질빵」 전문

농사꾼들의 우스운 사연을 담고 있는 식물 이름을 소재로 하여 시인은 알 만한 사람은 미소를 짓게 하는 시를 선사한다. 또 "아무리 참나물이 아니라고 외쳐도/참나물이라고 불러서" "퍼렇게 멍든/파드득 나물"(「파드득 나물」) 이야기, "오, 이렇게 달 수가"(「달수」) 하고 외쳐서 "달수"라는 이름을 짓게 되었다는 이야기, "한 조각 아편이라도 들어 있을까"(「개양귀비」) 오해하지 말라는 "개양귀비" 이야기, 이름도 쥐꼬리망초인데 "망할 놈의 망초라는 이름은 왜 붙었나"(「쥐꼬리망초」) 하고 원망하는 "쥐꼬리망초" 이야기 등은 시인이 갖고 있는 해학미를 풍요롭게 보여준다.

현재적 삶에 대한 시인의 이러한 의식은 간단하게 이루어진 것은 아니다. 시인은 아프고, 그러나 직시하고, 받아들이고, 그러면서 해학을 발현하고 있지만, 이러한 현재를 영원으로 존속시키는 "문"을 얻기까지는 상당히 복잡한 경로를 거쳤을 것으로 보인다. 그 경로의 심연에는 '고독'이 놓여 있다.

맨발로 겨울 속을 뛰어나와도
붙잡아줄 이 하나 없는
상념의 시간을 다스릴 수 없는 것이
아프다는 것이다
기다리는 사람 없는 이층 찻집에서
홀로 거리를 내려다보면서
굳은 결심이라도 한 듯
자리를 박차고 일어설 수 없는 것이
아프다는 것이다
새로 열두 시 찻집 문을 닫을 즈음
사람들 속에 섞이고 싶지 않다고 생각하면서
누군가의 전화번호를 뒤적거리고 있는 나의 손가락이
아프다는 것이다
슬픈 음악이 흐르고 흘러도
그 노래 따라 부른 지 너무 오래되었다는 사실에
괴롭지도 슬프지도 않음을 이해해버린다는 것이
아프다는 것이다
새로 열두 시 찻집 문을 닫을 즈음
내일이 와도 내일은 오지 않을 거라는 생각을 하면서
서서히 자리에서 일어나야만 한다는 것
그것이 아프다는 것이다

—「새로 열두 시 찻집 문을 닫을 즈음」 전문

시인은 육체적으로만 아픈 것이 아니다. 혼자라는 현실을 깨달았을 때도 아프다. "내일이 와도 내일은 오지 않을 거라는 생각"은 절망적이지만 그럼에도 현실로 나서야 한다는 것, 그것은 한 존재의 고독을 부추긴다. "홀로 거리를 내려다보면서" "자리를 박차고 일어설 수 없는" 그 미약함을 시인은 아프도록 느낀다. 고독에 대한 저항은 고독이 강할수록 실패에 가까워진다. 어쩌면 그 고독은 스스로 "사람들 속에 섞이고 싶지 않다"며 고의적으로 만들어낸 것이어서 더욱 자괴감이 드는 아픔일지도 모른다. 고독을 넘어서는 자세는 자신을 철저히 고독의 영역에 묶어두는 것이라는 듯, 시인은 이제 "괴롭지도 슬프지도 않음을 이해"하고 다만 아파할 뿐이다.

버려진 술병을 보고

누군가는 떠나고
누군가는 돌아와
가슴 저미는
거친 풀밭에
몇 마리 오리가 가을을
품을 때

저만치
풀섶에 나뒹구는

외로움 몇 개

아름다운 슬픔을 꿈꾸는
붉은 입술에는
불타는 물의 그림자 어른거리고

서글픈 사랑을 꿈꾸는
푸른 눈동자에는
불타면서 젖고
젖으면서 타오르는
너와 나의 그림자 어른거리고

저만치
깨어져 쏟아지는
폭풍의 시간들

누군가는 떠나고
누군가는 돌아와
가슴 저미는
거친 풀밭에
몇 방울의 외로움이 계절을
적실 때

—「술병 몇 개」 전문

라고 말한 것도 시인이 외로움, 고독에 파묻힌 심정과 맞닿았기 때문이다. 그래서 "저만치/풀섶에 나뒹구는/외로움 몇 개"에는 시인도 포함된다. "술병"을 통해 자신을 들여다보는 것이다. "폭풍의 시간"은 그러한 고독 속에서 깨어져 쏟아진다. 시인은 더 나아가 "추억을 덮어둘/따스한 적막을/기다리고 싶"(「커피 한 잔」)다고까지 말한다.

그러나 고독은 가까이 둘 만한 것일지는 몰라도 오래 갖고 있을 만한 것은 아니다. 고독은 깨뜨리고 부숴버려야 할 "시간"에 속해 있는 것이다. 그렇게 고독을 깨버리는 순간 시인은 현재를 끌어안은 채 영원으로 나아갈 수 있는 문을 갖는다. 그런데 고독은 어떻게 깨졌는가.

유리창은 거울이 아니다
유리창 앞에서는
마주 서지 말아야 한다
다 알면서
다 알면서 서로를 비출 수 없다
때로는 수증기 몇 방울로
때로는 조각난 어둠으로
서로를 덮어버리면서
2월 찬바람에 덜컹이는
슬픔 한 방울 삼키고 만다

유리창은 내 마음이 아니다
네 마음도 아니다
우리가 마주설 때에
나는 내가 아니고 너도 네가 아니다
우리 서로
마주 서지는 말아야 한다
서로 다 들여다보면서
서로를 비출 수 없다
때로는 부드러운 손가락으로
때로는 거친 어깨로
서로의 체온을 탐해보지만
결국 부딪칠 수밖에 없다
부딪쳐 깨어질 수밖에 없다
우리들의 투명한 사랑은

—「유리창」 부분

"내 마음"도 아니고 "네 마음"도 아닌, 다시 말해 현실을 사는 '나'와 상반된 입장에 있는 또 다른 '나'가 유리창 속에 있다. 유리창은 거울이 아니어서 서로를 보여주고, 그러니 "다 알면서 서로를 비출 수 없다." 유리창 앞에서 '나'와 또 다른 '나'인 '나'는 "마주 서지 말아야 한다." 서로는 "부딪쳐 깨어질 수밖에 없다" 시인은 '내'가 쫓아내야 할 '내 현재적 삶의 아픔, 고독' 등등은 부딪쳐 깨어지고, 서로 "마주 서지" 않는 상태가 되길 바란다. 자아 내부에서 벌어지는 자신과의 맞섬에서 시인은 투명한 문으로서의 "유리창"을 부숴버리고자 하는 것이다. 그리하여 시인은 열고 닫을 수 있는 문, 통과할 수 있는 문, 무한지대로서의 지평이 펼쳐진 영원한 현재의 시간을 갖게 된 것이다. 이러한 현재적 시간에 시인은 미래와 과거를 끌어들이며 시간 지평의 외연을 넓힌다. 그 미래는

언제부터인가
냉동실에 넣어둔 얼음덩어리들을 꺼내어
들여다보는 버릇이 생겼다
따뜻한 손가락 사이로
쉼 없이 녹아내려 물이 되어 흐르는
그것들은
다시금 냉장고에 밀어 넣는 수밖에 없다

해 저문 저녁 누군가의 창가를 맴돌다
돌아와서는
녹았다가는 다시 얼어붙고
얼었다가는 다시 녹아
어두운 냉동실과
따뜻한 손가락 사이를 오가며
허무의 공간을 뒤척이고 있는
존재의 술렁거림

나는 진정 몰랐다
와그르르 쏟아지던 시간들을 따라
함께 허물어지던 생각의 그림자들,
모든 것 벗어던진 채
푸르른 해동을 꿈꾸는 얼음덩이들의
뜨거운 숨결을
나는 진정 몰랐다

—「나는 진정 몰랐다」 부분

라는 이 시에서처럼 "나는 진정 몰랐"지만 부지불식간에 다가온다. 그 미래는 "시간들을 따라/(……)/푸르른 해동을 꿈꾸는 얼음덩이들의/뜨거운 숨결"을 가진 미래, 즉 "해동"을 꿈꾸는 미래이며 곧 다가올 현재이기도 하다. 또한 과거는

몇십 년이나 묵은 추위가
오늘도 발끝에 스물거린다
병든 실업자 아버지가
아랫목을 다 큰 딸에게 양보하고
윗목에서 발가락을 꼼지락거릴 때
딸은 그저 춥다는 생각뿐
어쩌다 차가운 발가락이 발에 스칠 때
그 차가움에
짜증 섞인 미소만 우물거렸을 뿐

그날이 차고 슬프다
그 차가운 발가락
오늘 내 발끝에 머무는데
그날이 오늘에야 아프다

—「발가락이 그립다」 전문

라며 통각으로 살아난다. 현재에 생생한 감각으로 남겨진 과거인 것이다.

시간의 지평에 과거와 미래를 끌어들이며 현재라는 찰나의 영원을 펼쳐낸 시인은 지금 "아픔조차 사라진 시대를 깨물 수 있는 건/아픔뿐이다"(「손톱」)라면서 용납과 순응의 길을 걷고 있는 중이다. 그러다 길이 막혀 되돌아서야 할지 모르지만, 현재라는 시간, 이 영원한 시간은 고요할 뿐, 그리하여 평온할 뿐, 시인은 고요의 현재를 산다. 그 시간 속에는 아픈 몸, 아픈 삶도 있지만, 그것을 껴안고 살고자 하니 바라보이는 웃음기 가득한 풍경도 펼쳐져 있다. 우리는 이 시집을 통해 삶이라는 찰나가 영원이 되는 모습을 목도한다. 다만 문득 시인은 너무 고요하여 '나'를 잃어버릴 때가 있는 것이다. 그때마다 시인은 또 하나의 문 앞에 다시 서서도 발길을 돌린다. 현재가 영원하니까, 지금은 영원히 "고요"하니까, 라고 자위하면서 아직은 그 문을 열 수 있는 비밀번호를 생각해내지 않아도 되는 것이다. 그러므로 아래 시에 나오는 새로 놓인 저 문을 시인이 앞으로 열지, 열지 않을 것인지는 다음 시집에서 확인할 수 있을 것 같다.

생각 없이 문 두드리다
소스라쳐 놀란다
내가 나에게 비밀이 있었다니
그리고 그 비밀을 내가 모른다니

어디 한두 번이었던가
문 밖에서 서성이다
나를 잃어버리는 일이

늘 그랬던 것처럼
오늘도 쓸쓸히 발걸음을 돌리며
중얼거린다

나의 숲이 너무 고요할 뿐이라고

—「비밀번호」 전문

이 도서의 국립중앙도서관 출판시도서목록(CIP)은 서지정보유통지원시스템 홈페이지(http://seoji.nl.go.kr)와 국가자료공동목록시스템(http://www.nl.go.kr/kolisnet)에서 이용하실 수 있습니다.(CIP제어번호: CIP2016029887)

시인동네 시인선 070

발가락이 그립다

초판 1쇄 인쇄 2017년 1월 2일
초판 1쇄 발행 2017년 1월 10일
지은이 이진숙
펴낸이 고영
책임편집 류미야
디자인 헤이존
펴낸곳 문학의전당
출판등록 제311-2012-000043호
주소 서울시 마포구 마포대로 11길 91, 3층
전화 02-852-1977 팩스 02-852-1978
전자우편 sbpoem@naver.com

ISBN 979-11-5896-294-4 03810